Grand-Livre

DE

LA MAITRESSE DE MAISON.

Registre de Comptabilité pour 1848.

PARIS

ADMINISTRATION ET RÉDACTION DU CONSEILLER DES DAMES,
RUE MONTMARTRE, 160.

Comptes généraux

DU

MOIS DE JANVIER 1848.

1847

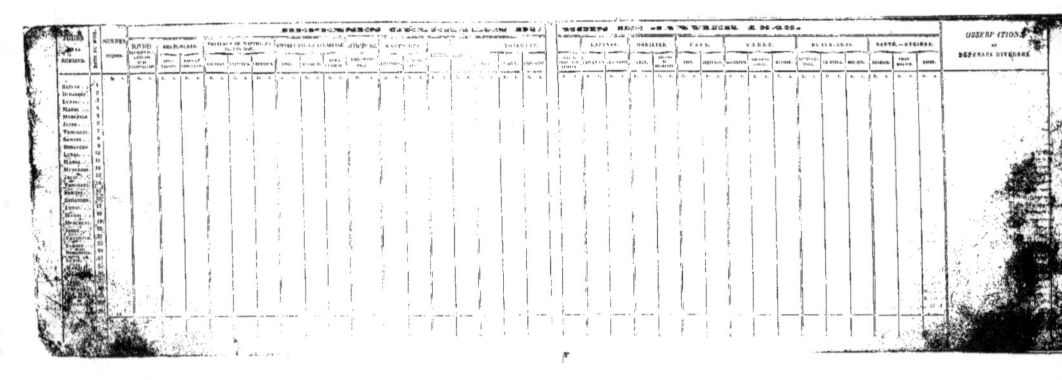

RÉCAPITULATION

DES

DÉPENSES DU MOIS DE JANVIER.

	fr.	c.
Dépenses religieuses		
Spectacles.		
Bals et concerts.		
Chevaux		
Entretien de voitures		
Location de voitures		
Bois.		
Charbon		
Huile et bougie.		
Blanchissage et raccommodage.		
Employés.		
Domestiques.		
Loyer.		
Impôts.		
Etoffes.		
Bijoux.		
Chaussures		
Fleurs, coiffures et ganterie.		
Entretien des enfants		
Éducation des enfants.		
Achat de mobilier.		
Échange et réparation du mobilier.		
Vins.		
Liqueurs.		
Boucherie.		
Boulangerie.		
Cuisine.		
Littérature.		
Peinture.		
Musique.		
Médecin.		
Pharmacien.		
Bains.		
TOTAL GÉNÉRAL.		

Comptes généraux

DU

MOIS DE FÉVRIER 1848.

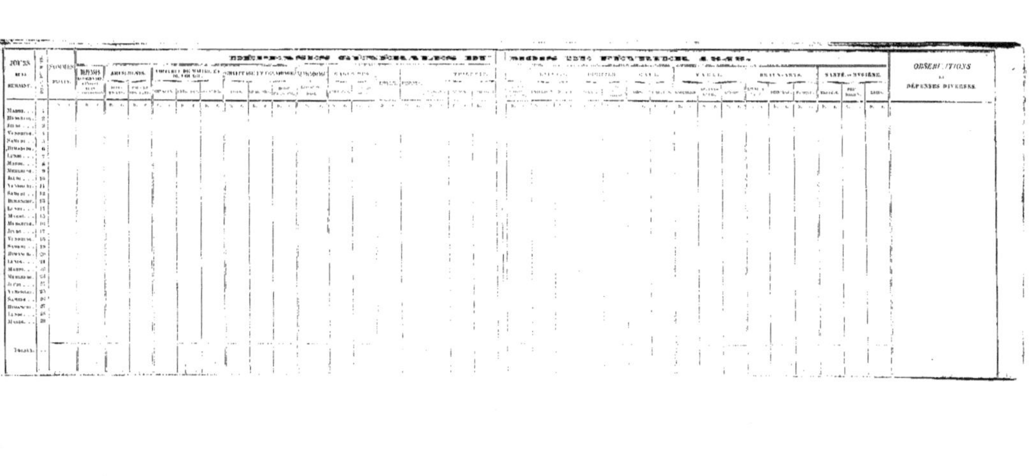

JOURS DE LA SEMAINE.	[N°]	SOMMES REÇUES	DÉPENSES GÉNÉRALES DU MÉNAGE										
Mardi	1												
Mercredi	2												
Jeudi	3												
Vendredi	4												
Samedi	5												
Dimanche	6												
Lundi	7												
Mardi	8												
Mercredi	9												
Jeudi	10												
Vendredi	11												
Samedi	12												
Dimanche	13												
Lundi	14												
Mardi	15												
Mercredi	16												
Jeudi	17												
Vendredi	18												
Samedi	19												
Dimanche	20												
Lundi	21												
Mardi	22												
Mercredi	23												
Jeudi	24												
Vendredi	25												
Samedi	26												
Dimanche	27												
Lundi	28												
Mardi	29												
Total													

RÉCAPITULATION

DES

DÉPENSES DU MOIS DE FÉVRIER.

	fr.	c.
Dépenses religieuses		
Spectacles		
Bals et concerts.		
Chevaux		
Entretien de voitures.		
Location de voitures		
Bois		
Charbon		
Huile et bougie.		
Blanchissage et raccommodage.		
Employés.		
Domestiques.		
Loyer.		
Impôts.		
Etoffes.		
Bijoux.		
Chaussures		
Fleurs, coiffures et ganterie.		
Entretien des enfants.		
Education des enfants.		
Achat de mobilier		
Echange et réparation de mobilier.		
Vins		
Liqueurs		
Boucherie.		
Boulangerie		
Cuisine		
Littérature		
Peinture		
Musique		
Médecin		
Pharmacien		
Bains		
TOTAL GÉNÉRAL.		

Comptes généraux

DU

MOIS DE MARS 1848.

DÉPENSES CATÉGORIQUES DU MOIS DE ... — OBSERVATIONS ET DÉPENSES DIVERSES

JOURS DE LA SEMAINE		SOMMES reçues	VIVRES	ABONNEMENTS		VOITURES DE MAITRE ET DE LOUAGE			CHAUFFAGE ET ÉCLAIRAGE				GAGES DES				CORVÉES			ENFANTS		TOILETTE		TABLE		BEAUX-ARTS		SANTÉ-HYGIÈNE		OBSERVATIONS ET DÉPENSES DIVERSES
Mercredi	1																													
Jeudi	2																													
Vendredi	3																													
Samedi	4																													
Dimanche	5																													
Lundi	6																													
Mardi	7																													
Mercredi	8																													
Jeudi	9																													
Vendredi	10																													
Samedi	11																													
Dimanche	12																													
Lundi	13																													
Mardi	14																													
Mercredi	15																													
Jeudi	16																													
Vendredi	17																													
Samedi	18																													
Dimanche	19																													
Lundi	20																													
Mardi	21																													
Mercredi	22																													
Jeudi	23																													
Vendredi	24																													
Samedi	25																													
Dimanche	26																													
Lundi	27																													
Mardi	28																													
Mercredi	29																													
Jeudi	30																													
Vendredi	31																													
TOTAUX																														

RÉCAPITULATION

DES

DÉPENSES DU MOIS DE MARS.

	fr.	c.
Dépenses religieuses		
Spectacles.		
Bals et concerts.		
Chevaux		
Entretien de voitures.		
Location de voitures		
Bois		
Charbon		
Huile et bougie.		
Blanchissage et raccommodage.		
Employés.		
Domestiques		
Loyer		
Impôts.		
Étoffes.		
Bijoux		
Chaussures		
Fleurs, coiffures et ganterie.		
Entretien des enfants.		
Éducation des enfants.		
Achat de mobilier.		
Échange et réparation de mobilier.		
Vins		
Liqueurs		
Boucherie		
Boulangerie		
Cuisine		
Littérature		
Peinture		
Musique		
Médecin		
Pharmacien		
Bains		
Total général.		

Comptes généraux

DU

MOIS D'AVRIL 1848.

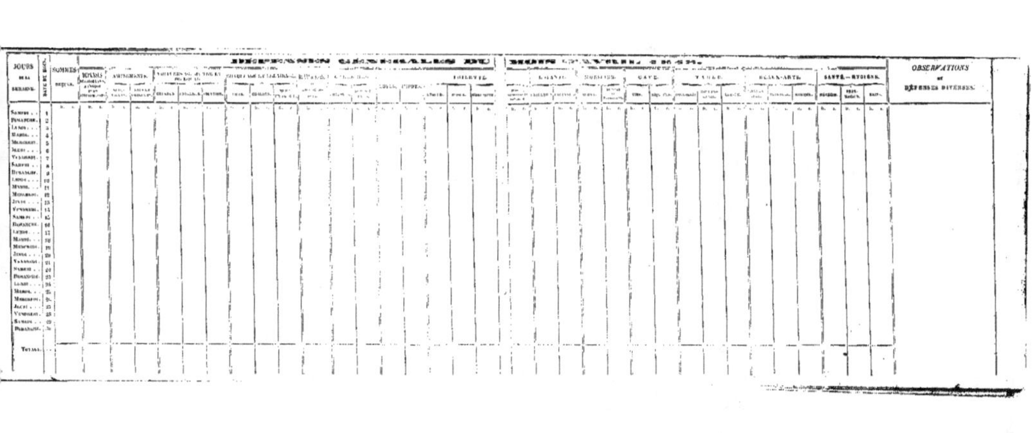

JOURS DE LA SEMAINE
DÉPENSES GÉNÉRALES DU MOIS DE JANVIER 18
SOMMES
LOYER
NOURRITURE
CAVE
TABLE
BEAUX-ARTS
SANTÉ — HYGIÈNE
OBSERVATIONS et DÉPENSES DIVERSES
Samedi
Dimanche
Lundi
Mardi
Mercredi
Jeudi
Vendredi
Samedi
Dimanche
Lundi
Mardi
Jeudi
Vendredi
Samedi
Dimanche
Lundi
Mardi
Mercredi
Jeudi
Vendredi
Samedi
Dimanche
Lundi
Mardi
Mercredi
Jeudi
Vendredi
Samedi
Dimanche
TOTAL

RÉCAPITULATION

DES

DÉPENSES DU MOIS D'AVRIL.

	fr.	c.
Dépenses religieuses		
Spectacles.		
Bals et concerts.		
Chevaux		
Entretien de voitures		
Location de voitures		
Bois		
Charbon		
Huile et bougie.		
Blanchissage et raccommodage.		
Employés.		
Domestiques.		
Loyer.		
Impôts		
Étoffes.		
Bijoux.		
Chaussures		
Fleurs, coiffures et ganterie.		
Entretien des enfants.		
Éducation des enfants.		
Achat de mobilier.		
Échange et réparation de mobilier.		
Vins		
Liqueurs.		
Boucherie.		
Boulangerie		
Cuisine.		
Littérature		
Peinture.		
Musique.		
Médecin		
Pharmacien		
Bains		
TOTAL GÉNÉRAL.		

Comptes généraux

DU

MOIS DE MAI 1848.

JOURS DE LA SEMAINE.	DATE DU MOIS.	SOMMES REÇUES.	DÉPENSES CONSIDÉRABLES.							DÉPENSES DE MÉNAGE.								OBSERVATIONS et DÉPENSES DIVERSES.
										ENFANTS.	MOBILIER.	LAVE.	TABLE.	BEAUX-ARTS.	SANTÉ—HYGIÈNE.			
Lundi	1																	
Mardi	2																	
Mercredi	3																	
Jeudi	4																	
Vendredi	5																	
Samedi	6																	
Dimanche	7																	
Lundi	8																	
Mardi	9																	
Mercredi	10																	
Jeudi	11																	
Vendredi	12																	
Samedi	13																	
Dimanche	14																	
Lundi	15																	
Mardi	16																	
Mercredi	17																	
Jeudi	18																	
Vendredi	19																	
Samedi	20																	
Dimanche	21																	
Lundi	22																	
Mardi	23																	
Mercredi	24																	
Jeudi	25																	
Vendredi	26																	
Samedi	27																	
Dimanche	28																	
Lundi	29																	
Mardi	30																	
Mercredi	31																	
Totaux																		

JOURS DE LA SEMAINE		SOMMES	DÉPENSES								RECETTE		OBSERVATIONS ET DÉPENSES DIVERSES
Lundi	1												
Mardi	2												
Mercredi	3												
Jeudi	4												
Vendredi	5												
Samedi	6												
Dimanche	7												
Lundi	8												
Mardi	9												
Mercredi	10												
Jeudi	11												
Vendredi	12												
Samedi	13												
Dimanche	14												
Lundi	15												
Mardi	16												
Mercredi	17												
Jeudi	18												
Vendredi	19												
Samedi	20												
Dimanche	21												
Lundi	22												
Mardi	23												
Mercredi	24												
Jeudi	25												
Vendredi	26												
Samedi	27												
Dimanche	28												
Lundi	29												
Mardi	30												
Mercredi	31												
TOTAUX													

RÉCAPITULATION

DES

DÉPENSES DU MOIS DE MAI.

	fr.	c.
Dépenses religieuses		
Spectacles.		
Bals et concerts		
Chevaux		
Entretien de voitures		
Location de voitures		
Bois.		
Charbon		
Huile et bougie.		
Blanchissage et raccommodage.		
Employés.		
Domestiques.		
Loyer		
Impôts.		
Etoffes.		
Bijoux.		
Chaussures		
Fleurs, coiffures et ganterie		
Entretien des enfants		
Education des enfants.		
Achat de mobilier		
Echange et réparation de mobilier		
Vins.		
Liqueurs		
Boucherie.		
Boulangerie		
Cuisine.		
Littérature.		
Peinture		
Musique		
Médecin		
Pharmacien		
Bains		
TOTAL GÉNÉRAL		

Comptes généraux

DU

MOIS DE JUIN 1848.

JOURS DE LA SEMAINE	PAGE DU MOIS	SOMMES	DÉPENSES	AMUSEMENTS	VOITURES DE MAISON ET DE LOUAGE	ENTRETIEN ET ORNEMENT	LINGERIE			TOILETTE	ENFANTS	NOURRICE	GAGES	TABLE	BEAUX-ARTS	SANTÉ & HYGIÈNE	OBSERVATIONS et DÉPENSES DIVERSES
Jeudi	1																
Vendredi	2																
Samedi	3																
Dimanche	4																
Lundi	5																
Mardi	6																
Mercredi	7																
Jeudi	8																
Vendredi	9																
Samedi	10																
Dimanche	11																
Lundi	12																
Mardi	13																
Mercredi	14																
Jeudi	15																
Vendredi	16																
Samedi	17																
Dimanche	18																
Lundi	19																
Mardi	20																
Mercredi	21																
Jeudi	22																
Vendredi	23																
Samedi	24																
Dimanche	25																
Lundi	26																
Mardi	27																
Mercredi	28																
Jeudi	29																
Vendredi	30																
TOTAL																	

RECAPITULATION
DES
DÉPENSES DU MOIS DE JUIN.

	fr.	c.
Dépenses religieuses		
Spectacles		
Bals et concerts		
Chevaux		
Entretien de voitures		
Location de voitures		
Bois		
Charbon		
Huile et bougie		
Blanchissage et raccommodage		
Employés		
Domestiques		
Loyer		
Impôts		
Etoffes		
Bijoux		
Chaussures		
Fleurs, coiffures et ganterie		
Entretien des enfants		
Education des enfants		
Achat de mobilier		
Echange et réparation de mobilier		
Vins		
Liqueurs		
Boucherie		
Boulangerie		
Cuisine		
Littérature		
Peinture		
Musique		
Médecin		
Pharmacien		
Bains		
TOTAL GÉNÉRAL		

Comptes généraux

DU

MOIS DE JUILLET 1848.

DÉPENSES GÉNÉRALES DU MOIS DE JUILLET 1845.

JOURS DE LA SEMAINE.	DATE DU MOIS.	SOMMES RÉGLÉE.	…	TOILETTE	ENFANTS	DOMESTIQUES	CAVE	TABLE	BEAUX-ARTS	SANTÉ – HYGIÈNE	OBSERVATIONS ET DÉPENSES DIVERSES.
Samedi	1										
Dimanche	2										
Lundi	3										
Mardi	4										
Mercredi	5										
Jeudi	6										
Vendredi	7										
Samedi	8										
Dimanche	9										
Lundi	10										
Mardi	11										
Mercredi	12										
Jeudi	13										
Vendredi	14										
Samedi	15										
Dimanche	16										
Lundi	17										
Mardi	18										
Mercredi	19										
Jeudi	20										
Vendredi	21										
Samedi	22										
Dimanche	23										
Lundi	24										
Mardi	25										
Mercredi	26										
Jeudi	27										
Vendredi	28										
Samedi	29										
Dimanche	30										
Lundi	31										
TOTAUX.											

RÉCAPITULATION

DES

DÉPENSES DU MOIS DE JUILLET.

	fr.	c.
Dépenses religieuses		
Spectacles.		
Bals et concerts.		
Chevaux		
Entretien de voitures.		
Location de voitures		
Bois		
Charbon		
Huile et bougie.		
Blanchissage et raccommodage.		
Employés.		
Domestiques		
Loyer		
Impôts.		
Étoffes.		
Bijoux		
Chaussures		
Fleurs, coiffures et ganterie.		
Entretien des enfants.		
Éducation des enfants.		
Achat de mobilier.		
Échange et réparation de mobilier.		
Vins		
Liqueurs		
Boucherie		
Boulangerie		
Cuisine		
Littérature		
Peinture		
Musique		
Médecin		
Pharmacien		
Bains		
TOTAL GÉNÉRAL		

Comptes généraux

DU

MOIS D'AOUT 1848.

DÉPENSES GÉNÉRALES DU MOIS D'AOÛT 1848

JOURS DE LA SEMAINE	Date du mois	POSTE	...	CHAUFFAGE ET ÉCLAIRAGE	SALLE DES ...	ÉCOLE ...	TOILETTE	ENFANTS	NOURRICE	CAVE	TABLE	BEAUX-ARTS	SANTÉ - HYGIÈNE	OBSERVATIONS et DÉPENSES DIVERSES
Mardi	1													
Mercredi	2													
Jeudi	3													
Vendredi	4													
Samedi	5													
Dimanche	6													
Lundi	7													
Mardi	8													
Mercredi	9													
Jeudi	10													
Vendredi	11													
Samedi	12													
Dimanche	13													
Lundi	14													
Mardi	15													
Mercredi	16													
Jeudi	17													
Vendredi	18													
Samedi	19													
Dimanche	20													
Lundi	21													
Mardi	22													
Mercredi	23													
Jeudi	24													
Vendredi	25													
Samedi	26													
Dimanche	27													
Lundi	28													
Mardi	29													
Mercredi	30													
Jeudi	31													
TOTAUX														

RÉCAPITULATION

DES

DÉPENSES DU MOIS D'AOUT.

	fr.	c.
Dépenses religieuses		
Spectacles.		
Bals et concerts.		
Chevaux		
Entretien de voitures		
Location de voitures		
Bois		
Charbon		
Huile et bougie.		
Blanchissage et raccommodage.		
Employés.		
Domestiques.		
Loyer		
Impôts		
Étoffes.		
Bijoux.		
Chaussures		
Fleurs, coiffures et ganterie.		
Entretien des enfants.		
Éducation des enfants.		
Achat de mobilier		
Échange et réparation de mobilier.		
Vins		
Liqueurs.		
Boucherie.		
Boulangerie		
Cuisine.		
Littérature		
Peinture		
Musique		
Médecin		
Pharmacien		
Bains		
TOTAL GÉNÉRAL.		

Comptes généraux

DU

MOIS DE SEPTEMBRE 1848.

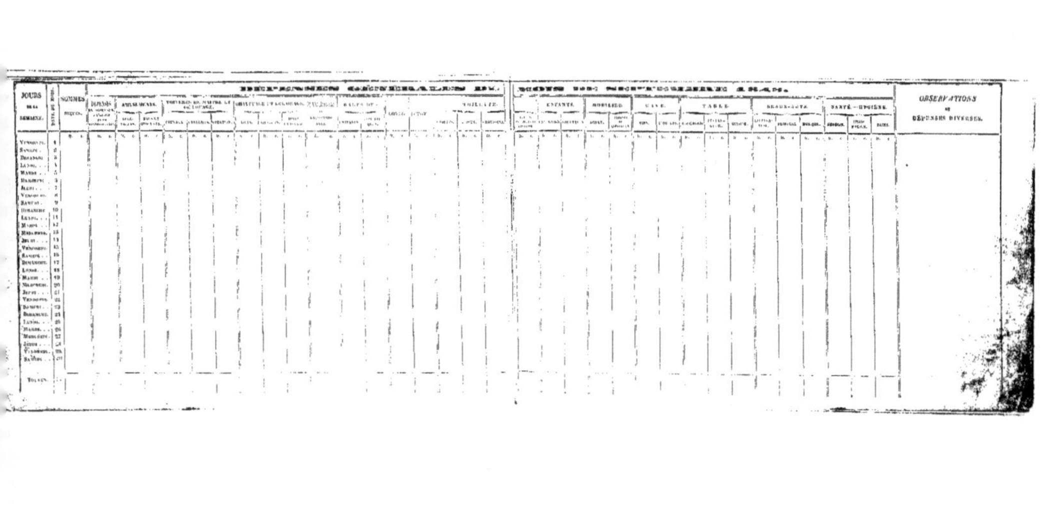

DÉPENSES GÉNÉRALES DU MOIS DE SEPTEMBRE 1842.

JOURS DE LA SEMAINE.	DATE DU MOIS.	SOMMES REÇUES.	DÉPENSES	AMUSEMENTS.	VOITURES DE MAÎTRE ET DE LOUAGE.	CHAUFFAGE ET ÉCLAIRAGE.	GAGES DES	TOILETTE.	ENFANTS.	MOBILIER.	CAVE.	TABLE.	BEAUX-ARTS.	SANTÉ — HYGIÈNE.	OBSERVATIONS et DÉPENSES DIVERSES.
Vendredi	1														
Samedi	2														
Dimanche	3														
Lundi	4														
Mardi	5														
Mercredi	6														
Jeudi	7														
Vendredi	8														
Samedi	9														
Dimanche	10														
Lundi	11														
Mardi	12														
Mercredi	13														
Jeudi	14														
Vendredi	15														
Samedi	16														
Dimanche	17														
Lundi	18														
Mardi	19														
Mercredi	20														
Jeudi	21														
Vendredi	22														
Samedi	23														
Dimanche	24														
Mardi	25														
Mercredi	27														
Jeudi	28														
Samedi	30														
TOTAUX.															

RÉCAPITULATION

DES

DÉPENSES DU MOIS DE SEPTEMBRE.

	fr.	c.
Dépenses religieuses		
Spectacles.		
Bals et concerts.		
Chevaux		
Entretien de voitures		
Location de voitures		
Bois.		
Charbon		
Huile et bougie.		
Blanchissage et raccommodage.		
Employés.		
Domestiques.		
Loyer.		
Impôts.		
Étoffes.		
Bijoux.		
Chaussures		
Fleurs, coiffures et ganterie.		
Entretien des enfants		
Éducation des enfants.		
Achat de mobilier.		
Échange et réparation de mobilier.		
Vins.		
Liqueurs.		
Boucherie.		
Boulangerie.		
Cuisine.		
Littérature.		
Peinture		
Musique.		
Médecin.		
Pharmacien		
Bains		
TOTAL GÉNÉRAL.		

Comptes généraux

DU

MOIS D'OCTOBRE 1848.

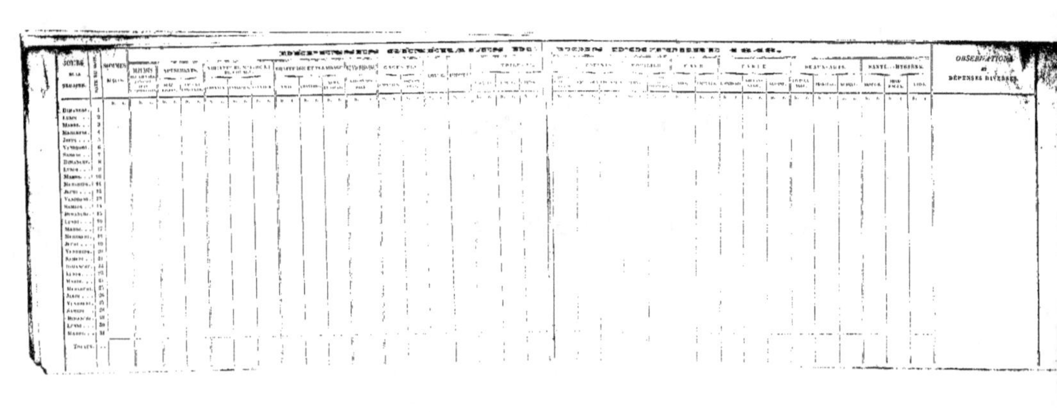

JOURS DE LA SEMAINE		SOMMES REÇUES	DÉPENSES	APPARTEMENT	NOURRITURE DE LA MAISON	CHAUFFAGE ET ÉCLAIRAGE	ENTRETIEN	GAGES ETC.		TOILETTE		ENTRETIEN	HABILLEMENT	CAVE		TABLE			BEAUX-ARTS		SANTÉ — HYGIÈNE		OBSERVATIONS et DÉPENSES DIVERSES
DIMANCHE	1																						
LUNDI	2																						
MARDI	3																						
MERCREDI	4																						
JEUDI	5																						
VENDREDI	6																						
SAMEDI	7																						
DIMANCHE	8																						
LUNDI	9																						
MARDI	10																						
MERCREDI	11																						
JEUDI	12																						
VENDREDI	13																						
SAMEDI	14																						
DIMANCHE	15																						
LUNDI	16																						
MARDI	17																						
MERCREDI	18																						
JEUDI	19																						
VENDREDI	20																						
SAMEDI	21																						
DIMANCHE	22																						
LUNDI	23																						
MARDI	24																						
MERCREDI	25																						
JEUDI	26																						
VENDREDI	27																						
SAMEDI	28																						
DIMANCHE	29																						
LUNDI	30																						
MARDI	31																						
TOTAUX																							

RECAPITULATION

DES

DÉPENSES DU MOIS D'OCTOBRE.

	fr.	c.
Dépenses religieuses		
Spectacles		
Bals et concerts.		
Chevaux		
Entretien de voitures.		
Location de voitures		
Bois		
Charbon		
Huile et bougie.		
Blanchissage et raccommodage.		
Employés.		
Domestiques.		
Loyer.		
Impôts.		
Etoffes.		
Bijoux.		
Chaussures		
Fleurs, coiffures et ganterie.		
Entretien des enfants.		
Education des enfants.		
Achat de mobilier		
Echange et réparation de mobilier.		
Vins		
Liqueurs		
Boucherie.		
Boulangerie		
Cuisine		
Littérature		
Peinture		
Musique		
Médecin		
Pharmacien		
Bains		
Total général.		

Comptes généraux

DU

MOIS DE NOVEMBRE 1848.

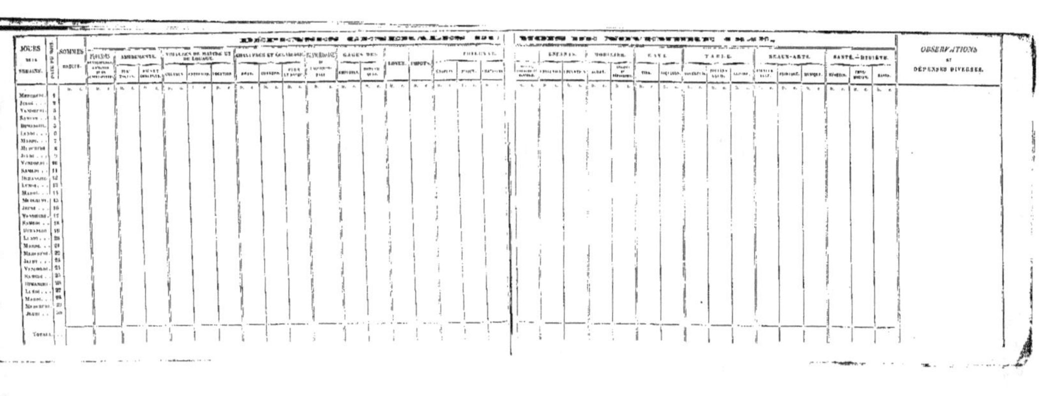

DÉPENSES HEBDOMADAIRES DU MOIS DE NOVEMBRE 18..

OBSERVATIONS ET DÉPENSES DIVERSES.

RÉCAPITULATION

DES

DÉPENSES DU MOIS DE NOVEMBRE.

	fr.	c.
Dépenses religieuses		
Spectacles.		
Bals et concerts.		
Chevaux		
Entretien de voitures.		
Location de voitures		
Bois		
Charbon		
Huile et bougie.		
Blanchissage et raccommodage.		
Employés.		
Domestiques		
Loyer		
Impôts.		
Étoffes.		
Bijoux		
Chaussures		
Fleurs, coiffures et ganterie.		
Entretien des enfants.		
Éducation des enfants.		
Achat de mobilier.		
Échange et réparation de mobilier.		
Vins		
Liqueurs		
Boucherie		
Boulangerie		
Cuisine		
Littérature		
Peinture		
Musique		
Médecin		
Pharmacien		
Bains		
TOTAL GÉNÉRAL.		

Comptes généraux

DU

MOIS DE DÉCEMBRE 1848.

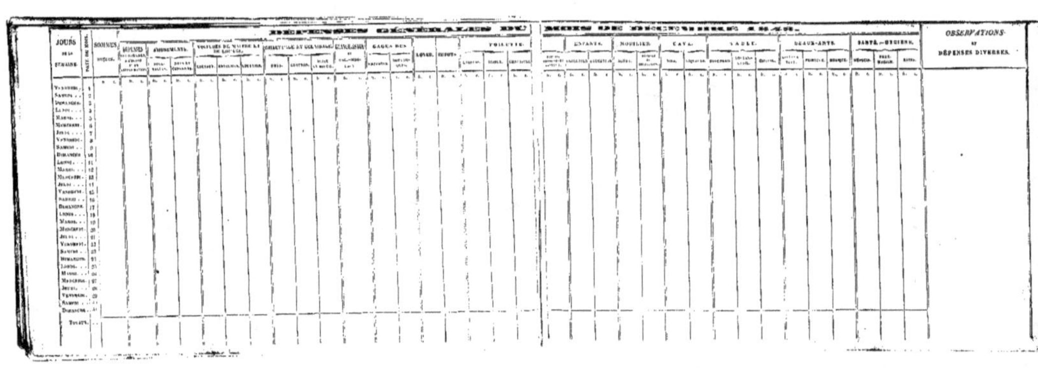

DÉPENSES GÉNÉRALES DU MOIS DE DÉCEMBRE 184.
OBSERVATIONS ET DÉPENSES DIVERSES.

RÉCAPITULATION

DES

DÉPENSES DU MOIS DE DÉCEMBRE.

	fr.	c.
Dépenses religieuses		
Spectacles.		
Bals et concerts.		
Chevaux		
Entretien de voitures		
Location de voitures		
Bois		
Charbon		
Huile et bougie.		
Blanchissage et raccommodage.		
Employés.		
Domestiques.		
Loyer		
Impôts		
Étoffes.		
Bijoux.		
Chaussures		
Fleurs, coiffures et ganterie.		
Entretien des enfants.		
Éducation des enfants.		
Achat de mobilier		
Échange et réparation de mobilier.		
Vins		
Liqueurs.		
Boucherie.		
Boulangerie		
Cuisine.		
Littérature		
Peinture		
Musique		
Médecin		
Pharmacien		
Bains		
TOTAL GÉNÉRAL.		